JN438280

안면도 가는 길

시와문화의 시집 026

안면도 가는 길

주선미 시집

시와문화

■시인의 말

시작입니다.
삶의 구빗길을 만날 때마다
시는 망망대해해서
늘 갈 길을 알려주는 등대입니다.
한 가닥 또렷한 시의 빛 따라
두려움 없이
미지의 세계를 열어 가겠습니다.

2018년 4월
주선미

|차　례|

제2부 여자

제3부 남자, 살아간다는 것

제4부 희망을 노래하다

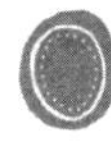

제1부
안면도

엄마의 바람

설거지를 하는데 빨간색 병 뚜껑 하나가
그릇들 사이에서 굴러다닌다
엄마가 나 먹으라고
얼어 펴지지 않는 손으로 굴을 딸 때
쓰던 게 따라온 것이다
송곳니처럼 생긴 가장자리 안쪽에
검푸른 때가 루주처럼 끼어 있다

엄마는 일생 바람을 피웠다
팔십 년을 개펄과 몰래 만나
몸을 섞으며 지낸 엄마의 비밀
자신만을 해바라기하는 줄만 알아온
아내의 은밀한 시간을
아버지는 한 자락이라도 헤아리고 있을까
아버지가 삼촌들 뒷바라지만 하느라
우리를 돌보지 않고 있을 때,
형제들에 대한 서운함을 술로 달랠 때도
개펄에 널린 굴 껍질이
엄마에게는 아픈 속을 날래는 술병 뚜껑이었다
남편을 버린 채

진종일 뚜껑을 따서 바깥바람을 마셨다

속이 문드러질수록 보물이 늘어나는 개펄은
남편을 대신하는 엄마의 기둥이었다
추위가 일찍 찾아드는 바닷가 마을
늦가을부터 초봄까지
손이 꽁꽁 얼어 펴지지 않아도,
남편의 부재가 길어질수록
눈 뜨자마자 개펄로 달려가 엎어졌다
개펄 가득 널린 숨구멍에
언 손을 미련 없이 집어넣어
황해 바다 향기를 담은 굴들을
술병을 따듯 캐내었다

차가운 개펄을 연인의 등처럼 대고
굴을 따고 있는 엄마
술기운처럼 번지는 바다의 향기 맡으며
아버지가 부재한 시간을 견디었다

달팽이

친정에서 따온 상추를 방바닥에 놓았더니

그 속에서 달팽이 한 마리가
고개를 빼꼼히 내밀고
눈치를 살피고 있다

바닥에 배를 깔고 엎드려 마주 보았다
달팽이는 엄마를 닮았다

허리가 굽은 엄마가
두릅나무에 달팽이처럼 붙어 있다

파릇한 새순은
엄마의 날숨까지 삼키고는

검은 봉지 속에 몸을 숨겼다

팔십년 세월의 무게로
구부러진 엄마 등

넘어가는 햇살이 은빛 흔적을 남기며
기어가는 달팽이를 쫓아가고 있다

보릿고개

보리타작이 끝나면 추수할 때까지
보리밥에 고추장과 풋고추로
여름을 나던 때
우리 엄마 얼굴에선
산그림자 같은 그늘이 떠나질 않았고
땀에 절은 아버지 구멍 난 런닝 사이로
쌀밥 달라는 막내아들 칭얼대는 소리가
따라다녔던 저녁
마당을 쓸어 모깃불을 피워놓고
엄마는 내 손을 잡고
계를 타러 간다고 집을 나섰다
보리이삭처럼 까끌거렸던 엄마 손바닥
이번엔 계를 꼭 타야 된다는
엄마의 웅얼거리는 목소리가
머릿속에서 쉬지 않고 돌아다녔다
계방이 가까워지자 축축하게 떨려오던
엄마의 손

그리움

해래질 가는 여름밤이면
사금파리 가득 깔린 소금밭이
하얗게 박꽃처럼 피어났다

바다 내음이 숨처럼
내 안으로 들어오고
바위틈에서 나는 어느덧
소라가 되고
한 마리 꽃게가 되었다

해래질 가는 여름밤이면
그리움 가득 깔린 소금밭이
하얗게 박꽃처럼 피어났다

옥수수

한여름이 시작되기도 전에
머쓱하게 웃자라 버린 옥수숫대
긴 봄가뭄을 견디느라
수염이 성긴 베옷자락처럼 말려 올라간 옥수수를 보면
꼭 이가 듬성듬성 빠진 우리 아버지 같다

껍질을 벗겨냈더니 뽀얗게 살이 오른
눈부신 알갱이 몇 알

한여름에 거름을 져내느라
검게 변한 아버지 어깨가
새끼에게 먹을 양식 한사코 품 안에 감추듯
옥수수는 물방울을 지키느라
가뭄을 온몸으로 이기고 서 있다

마른 이파리들이 서로 엉겨
따가운 여름 볕을 견뎌가며
우리 아버지 입술처럼 꼭 다문 채

이가 빠진 사진 속 아버지는 늘
부끄러움 선글라스 속에 감추고
머리가 하얘지도록 비틀린 입술을
도장처럼 찍어놓는다

뽀얀 옥수수 속살에 듬성듬성 비어 있는 자리
이제 사랑으로 채워 넣고 싶다

10월에 들른 고향

몇 해 망각의 늪에 묻어 두었던 길
한가위 앞두고 꺼내 안면도에 간다
이제 살붙이들은 도시로 나가고
인사하듯 주억거리는 코스모스만이 반긴다
소나무가 만들어 놓은 그늘진 길을 지나
바람아래해수욕장이 있는 동네 초입에 들어섰다
단발머리 찰랑거리며 다녔던
중학교 미술 시간에 그린 키 큰 코스모스는
사라진 친구들 따라 자취를 감추고
허리 꼬부라진 외숙모처럼 키 작은 코스모스들만이
마을로 가는 길 지키고 있다
사람들의 왁자지껄한 웃음소리 사라진 집들
찬바람이 와락 붙든 채 놓아주지 않는다
양식장에 흉년이 든 건
영목항에 다리 건설하는 것 때문이라고
바닷물이 투덜거리자
바닷바람도 맞다며 비틀거리고
개펄에서 일생을 보낸 외숙모도 쓰러졌다
서울 병원에서 수술을 마치고
여름 지나 가을 이슥하도록 돌아오지 못하자

코스모스가 키 큰 가로수 그늘에 숨어 흐느끼고 있었다
동네 어귀에는
이번에도 오지 않을 큰아들을 기다리는 아버지
담뱃불을 켜 어둠을 몰아내고
안면도와 서울을 오락가락하며
토산물을 내는 사촌동생은
외줄기 안면도 다리를 육지로 잇느라
덜덜거리는 오토바이에 힘을 붙인다

갯고둥

황해 바람 몰아치는
안면도의 가을을 견디는 건
거친 파도에 점령당하는 개펄뿐이다
가을 안면도에서는 바다가 바닥까지 내려간다
그 바닥에서 아낙은 눈이 맑은 갯고둥을 줍는다
갯고둥은 거친 파도에 제 몸을 다 내주고
맑은 눈만을 건진다
흑백 판화 속 풍경을 이룬 여자
세상의 가장 낮은 자리를 차지한 채
죽음보다 깊고 차가운 수렁에
온몸을 던져 갯고둥을 딴다
신기하게도 세상의 빛을 본 갯고둥
먹탄빛 몸을 닦을수록
티 없이 맑은 눈 빛난다
생의 빛나는 시간들 검은 개펄에 던져
온몸에 목탄을 바른 그 여자
함지박 가득 초롱초롱 담긴
갯고둥의 맑은 눈에
대처로 나가 개켜 둔 꿈을 펼치는
아이들 맑은 눈 읽으며

에둘러 개펄을 점령해가는 밀물과
땅거미를 몇 발짝 더 멀리 밀어낸다
더 낮은 데로 저를 던진다

안면도 오일장의 파도

울며 몸부림치다가도
조용히 뒤돌아서고

까무러쳤다가도
다시 숨을 몰아쉬며
바닥에 축 늘어져 있는 너는

한 마리 등뼈 흐물거리는 작은 물고기

차갑게 식은 회오리바람 몰아쳐
밑바닥까지 뒤집히자
물 밖 넓은 세상을 향해
쏜살같이 달려 나갔다

하얗게 물보라 꽃이 되어
닿을 수 없는 세상을 향해
제 한 몸 아낌없이 던진다

안면도 오일장 흑연 도가니에
쇳물이 이글이글 부풀어 오르고 있다

맘 편하게 한 번도
시장 안을 벗어나 본 적이 없는
대장장이는
흘러넘치는 비지땀을 쇳물에 부어
낫이며 호미, 쇠스랑 들을 빚는다

저것들이
차가운 겨울바람을 헤치고 나가
언 땅을 두더지처럼 파헤쳐
봄뜰을 넉넉하게 일구리라

이글거리는 쇳물에 온몸을 던진다

쇳물을 담금질한 파도 소리
안면도 오일장의 발을 묶고 있던 겨울바람을

꽃지로 가는 들녘
봄보리 향기를 품은
따스한 봄바람으로 벼려 간다

무화과

작은 접시에
할머니 주름같이 쭈글쭈글한 열매 몇 알
꿀에 묻혀 담겨 있다

누구에게나 마음속에는
아득한 그리움 하나 자리 잡고 있듯 내게도
파란 하늘 같은 그리움이 있다

단발머리 열 살 무렵
개펄에서 잡은 조개 반 하늘 반 머리에 이고
돌담 길 돌아올 때면
다닥다닥 매달린 파란 작은 열매 속 가지에
딱 하나 입 벌어진 붉은 무화과를
8월의 태양은 맛있게도 먹고 있었다

스무 살 무렵
남대문시장 한 귀퉁이에서 바구니 가득 담긴
아득한 그리움 한 봉투를 샀지만
파란 하늘 아래 풍만한 단내를 뽐내던
그것은 아니었다

독일 월드컵이 시작된 2006년 초여름
내 나이 사십이 지나가고
비바람 세차게 창문을 두드려대던 어두운 오후
난 보았다

할머니 입술처럼 쪼글쪼글해져
밥상 위에 수줍게 앉아 있는
파란 그리움

어머니와 소나무

어머니의 굽은 허리에는
사립문 밖 소나무가 같이 앉아 있다

무엇이 짓누르는지 위로 올라가지도 못하고
한없이 옆으로만 팔을 뻗은 나뭇가지들

얼마나 많은 응어리를 감추며 살아왔길래
쇠똥 같은 껍질만 저리 거칠게 앉았을까

그녀의 굽은 허리를 볼 때마다 생각나는
사립문 밖 소나무 한 그루

아픔을 떠받치고 살아왔을 세월이 아프다

안면도에서

하얀 파도가 회색 뻘밭을
널찍하게 밀어놓고 물러날 때면
아낙네들 조개 캐는 호미 소리
옹기종기 모여 앉아 바쁘게
바구니 채우고 있을 때 나는
검정고무신을 통통배 삼아
내려가는 물살에 둥둥 헤엄쳐 다녔다

뻘밭에 삼팔선이 생기고
치열한 아귀다툼에
섬은 흔들거렸다
아낙들은 악다구니로 변해가고
인정도 조금씩 금이
그어져 가고 있었다

바람 아래 솔바람 소리
정겹던 갯내음 아직도 여전한데
따뜻하던 마음의 자취
온데간데없이 사라져 버렸다

보름달을 가만히 들여다보면

보름달을 가만히 들여다보면
아버지 어린 시절이 들어 있다

형제들 학비 보태느라
추운 겨울 바닷물에 들어가
시퍼렇게 언 가슴은
바다 한가운데 김 농사를 지으며
동지섣달 바람 속을 떠돌았다

땀이 비오듯 쏟아지는 여름
태양빛 이글거리는
사금파리 깔린 염전에서
공부하고 싶은 마음 참아내느라 흘린
바닷물보다 더 짜디짠 눈물방울
하얗게 말려서
소금 무더기 위에
쌓고 또 쌓아올렸다

바닷빛보다 더 파란 밤하늘
그래서 더 하얀

보름달을 가만히 들여다보고 있으면
날갯짓 멈추지 않는 세월이 웃고 있다

하현달이 보이던 날

뿌옇게 흐린 밤하늘에
떠 있는 달을
지우개로 반쯤 지우던 날
보았지

미역줄기 같은 탯줄을 타고
어머니 자궁 속에서 미끄러지는
해맑은 작은 몸

눈부신 등잔불 아래 두 눈 꼭 감고
열린 세상에 터뜨린 첫 울음

만약 거꾸로 가는 시간이 허락된다면
하얗게 서리 내린 초가지붕
빨간 황토 흙이 묻어나던 앞마당
삐거덕거리는 마루와
높은 문지방을 넘어

어머니 자궁 속으로 다시
돌아가고 싶다

제2부
여자

출분

남들 일어나기 전에 문을 열고
사람들 발길이 끊겨야 문을 닫는
골목 끝 마트 아줌마

어항에 가둬놓기만 하면 튀어오르는
물고기를 닮은 걸까
아침마다 바다로 가는 꿈을 꾸더니
기어이 종적을 감췄다

손 마를 새 없이 살림만 하고
술고래인 남편과 실랑이하다
유리문 밖으로 뛰쳐나갔다

세상 밖으로 나가는 길에는
햇빛에 바짝 말려진 우럭처럼
할 일 없는 남자들이 늘어져 있고
여자들은
드럼통 안에서 곰삭은 황석어처럼
짠내가 진동했다

어항 밖의 세상은
행복이 넘치는 줄 알았다
조금 더 가면 꿈꾸던 세상이 있을까

바다로 가는 열차에 몸을 실었다

늙은 호박

먼지가 가득 쌓인 창고 귀퉁이 한쪽에
잔뜩 부어올라 펑퍼짐하게 앉아 있는 늙은 호박
지난 가을 논배미에서 한 덩이 따다
부엌에 두었다
아무도 찾지 않아 버려질 것 같기에
잠시만 놓았다가
며느리 몸 풀면 푹 삶아 먹이려고
입춘이 되면서 청소하느라 창고에 가져다 놓았었다
벚꽃 폈다가 져버린 긴 봄날
창고 문을 열었더니
군데군데 얼룩진 모습이 눈물 꽤나 흘렸나보다
눈도 맞추지 않고
얼굴을 제 몸속에 파묻고 있다
어머니는 늘 웃으신다
괜찮다, 넌 바쁘잖니, 내가 하마
팔십이 다 된 나이로
젊었을 때처럼 쉬지 않고 일을 하시더니
감당할 수 없는 몸이 힘들다고 투덜거렸나보다
많이 아픈시 베개 속에 얼굴을 파묻고 있다
겨우내 손녀딸 돌보고 살림하느라

잠시도 쉴 틈이 없었다
너무 바빠 찾아가지 못하다가
며칠 지난 다음 어머니 얼굴 보러 갔더니
팩 토라져
베개 속에 얼굴을 묻고 쳐다보지도 않는다

이모티콘

움직이는 게 신기해서,
나 대신 말로 표현해 주는 게 좋아서,
요즘 애들 말로
'질렀다'

표정도 몸짓도 하는 말까지
어쩌면 그렇게 재밌게 잘하는지
남편이 술 먹고 웃기는 것은 저리 가라다
오죽하면
오십 넘은 친구들 카톡방에 대화는 없고
이모티콘 일색이다

꾸벅꾸벅 인사도 수없이 하고
깔깔대며 바닥을 때굴때굴 구르고
최고라고 엄지척도 하고

아들놈은 다 커 자기 볼일만 보느라
대화가 없어진 지 오래고
남편과 30년쯤 살다보니
표정만 봐도 저 인간이 뭘 원하는지 알아서일까

말이 없어졌다

우리집 거실에도
이모티콘 몇 컷만 풀어놨으면 좋겠다

임신하셨어요?

둘째가 퇴근하면서 하는 말
엄마 임신하셨어요?
이 나이에 동생은 싫은데…

참! 기가 막힐 노릇이다
난 하고 싶은 말이 없어서 못하는 줄 아나
야! 난 이 나이에 도시락 싸고 싶어서 싸냐
돈 아깝다고 도시락 싸 달래서 그것 싸느라고,
출근하기도 바빠 네 방에서 춤추고 있는
수건이며 속옷까지 가져다가 빨래하느라고, 또
야채도 못 먹는 네 반찬 만드느라고, 그리고
네 형제 뒷바라지하느라 못 번 돈
그 돈 버느라고 바빠
운동 다닐 시간이 없어서 못 다닌다 왜!

내 편 좀 들어달라고 옆을 보니
야구에 푹 빠져 못 들은 건지
아니면 못 들은 척하는 건지
남편 눈이 멀뚱멀뚱 티비 속으로 들어가고 있다

동백꽃

그녀 혼자 몸이 달았다

차갑게 온 몸을 감싸오는
겨울바람이 좋아서
홀로 향기를 피워냈다
새처럼 하늘을 날고 싶었고
바람과 함께 세상을 누비며 살고자 했다
그러던 어느 날 갑자기 그가 사라졌다

푸른 바다에서
호시탐탐 기회를 엿보며
낮잠 자던 봄 햇살이
기지개를 펴더니 순식간에
그녀 앞에 나타났다

온몸으로 버티다가
울컥 쏟아진 피 한 덩이

외톨이

탄력을 잃은 고무줄처럼
길게 늘어진 일요일 오후

허비되는 시간을 불러 세워 영화나 볼까

정류장에서 시내버스를 기다릴 때

따가운 햇살은 나른한 오후를 맘먹고 무두질하여
더 길게 늘여가는 것 같다

마침 정류장 맞은편 언덕배기에

무리 지어 피어 있는 앉은뱅이꽃

몇 명씩 모여 깔깔대며 떠드는 이국 노동자 같다

군데군데 모여 있는 먼 나라 사람들
이제 더 이상 낯설지 않다

눈에 더 낯설게 밟히는 건

참깨밭이 있던 동구 밖
녹슨 구멍가게 셔터가 치워진 자리에 들어선
롯데 마트의 요란한 풍선 선전탑이다

고인물 위에 떠서 뱅뱅 도는 소금쟁이처럼
제자리걸음하다가,
여기가 어느 나라일까 생각해 보다가,

눈이 깊은 외국인이 쥔
스마트폰 속 시계를 힐끔거린다

멀티플렉스관으로 새로 개봉한 영화를
만나러 가는 일요일 오후

내 안의 또 다른 내가
낯선 거리를 두리번거린다

눈먼 잠자리

고생대부터 쉬지 않고 날갯짓하느라
화석으로 굳어진 걸까

접히지 않는 날개를 펼친 채

숱한 세월 바람과 싸우다가
풀무더기에 앉아 졸고 있는 잠자리

숨소리처럼 옅은 투명한 날개는
세상에 미련이 남아서일까
파르르 떨고 있다

뙤약볕에 풀더미가 쌓여 가고 있다

풀 속에 갇힌 그녀는
눈먼 잠자리

거미줄에 걸린 줄도 모르고

처음부터 그 자리에 있었던 것처럼

익숙하게

접히지 않는 날개로 날갯짓을 하고 있다

아픔을 문신처럼 새긴 거미를 보듬어 주면서

가을 호박 덩굴 속에서

텃밭에 심어 놓은 호박
뜨거운 여름볕 맨몸으로 견디더니
가을 깊어져 찬 이슬 내리자
깊은 배꼽에 맑은 잔이듯 받아든다

길고 긴 시간 튼실하게 살찌운 몸
제가 누릴 생각 없이
농부의 품에 넉넉하게 안긴다

달고 듬직한 몸을
온몸에 깊이 패인 주름으로 견디는 것을 보면
늘 식구들 위해 갈고 닦느라
얼굴 가득 그어진 주름으로
잃어버린 시간을 견디고 있는 어머니다

수십 년 식구들의 발이 되어
새로운 세상을 보여주다가
이제 폐차장 앞에 섰지만
가속 페달을 밟으면 금세 튀어나갈 것 같은
고물 자동차가 간수한 시간

그 넓은 터를 에둘러
점점 자리를 좁혀가는 호박 덩굴 속에서
오롯이 핀 꽃 한 송이

내 마음에 새로운 꽃씨를 심는다

다시 찾은, 여자

심장이 고장 난 걸까
사춘기가 다시 찾아왔나 보다
총각 선생님 얼굴만 봐도
옆에 여드름투성이 남학생만 지나가도
두근두근 가슴이 방망이질하는 것이
요즈음 다시 시작되었다

아무 일도 없고 이유도 없는데
가슴이 콩닥거리고 얼굴은
불 앞에 앉은 것처럼
느닷없이 화끈거리고
부채로 부쳐도
선풍기를 들이대도 식을 줄 모른다
누가 뭐라고 한 것도 아닌데 눈물이 나고
시작된 눈물은 멈추질 않는다

비가 내려 우울한 날에는
따뜻한 커피를 마시며 유리창을 타고 내려가던
빗방울만 바라봤던 날도 있었는데

나이가 들어가면서
저녁놀이 젖어도
시간이 바다로 기울어져 갈 때도
눈물 한 방울 흘리지 않은 채
별 감흥 없이 보내게 되었다

초경처럼 갑자기 찾아온 갱년기

잃어버린 시간을 찾아
작은 여자를 버리고
깨어 있으라고
바스락거리는 낙엽에도 마음 베인 채
낯선 거리를 달려보라고

아직도 내 안에 남아 있는 여자가 따끔거린다

배추벌레

얼마나 아늑한 곳일까

풍성한 식사와 함께
기지개를 켜면 들어 올려지는 파란 하늘이
누구도 넘볼 수 없는 재산!

겹겹이 부드러운 연녹색 기둥을 가진
배춧잎을 세상 전부로 알고 살아가는 벌레는
세상 밖으로 외출할 생각이라곤 해본 적이 없다

다른 벌레들이 탈바꿈하며
날로 몸집을 키우고
살아갈 영역을 넓히는 데 부심할 때도

묵은 껍질을 벗어 던지고
눈부시게 하얀 날개를 달아
더 넓은 세상을 향해 날아갈 때도

배추벌레는 훤히 비치는 울타리를 넘나들며
배추를 벗어날 마음이라곤 먹지 않았다

경이로운 사물, 넓은 하늘을 누릴 생각이라곤 전혀 없이
벗어날 테두리를 만들지 않았다

구차한 집과 가문비나무에 걸린 하늘이
세상의 전부이듯

날로 몸무게가 느는 어린것들이 자라서
훌훌 털고 날아가 버렸지만

겹겹이 둘러쳐진 울타리 벗어날 생각도 없이

연녹색 배춧잎에
맑은 공기와
티 없이 파란 하늘을 저며
저녁상을 차리는 그녀

넓은 세상을 향해 펼칠
날개마저 기꺼이 자른…

배낭의 꿈

추적추적 내리던 가을비
등을 떠미는 날
설거지할 그릇도 개수대에 둔 채로
불현듯 검은 배낭을 꾸린다
출근길에 쫓겨 넥타이를 골라 달라는
남자의 부름도 귓바퀴로 흘리고
준비물 챙겨 달라고
책가방을 여미지 않는 아이
초롱한 눈빛도 애써 피한 채
식구들의 모자라는 구석만 채워온
타인의 삶 앞에서 울고 웃기만 해온
낡은 부속 같은 삶
아낌없이 버리고 홀로 떠난다
식구들의 눈이 즐거우면
덩달아 즐거웠던 타인의 시선 버리고
섭지 해변 절경 앞에서
청춘의 시간을 맞추려고
바닷바람과 커피를 나눠 마시며
푸른 바닷가 회색 빛깔 현무암이
해마다 들어서는 건물에서 내뿜는 폐수 때문에

속이 검게 타들어 간 얘기를 나누기 위해
태평양 근처 말로만 듣던 산호섬에서
훌훌 털어 버리고
열대어들과 헤엄을 치며
때 묻지 않은 야생의 시간을 건지기 위해
여자만의 배낭을 꾸린다
남이 들려주는 얘기에
울고 웃다가 저무는 시간을 돌려
스스로 부글부글 끓는 여자의 속
들여다보기 위해
낯선 항구로 가는 기차를 탄다

그 집 앞

소암리 삼거리를 지나고
대평초등학교 지나쳐 오른쪽 길로 들어서면
자그마한 내가 흐르고 둑길이 나오지
그곳에는
갈대무리가 햇살을 받아
잿빛으로 얼룩져 있고
잎이 진 미루나무 꼭대기에
새들의 집 하나 걸려 있어
밤새 하얀 눈 소복 내리고
눈부신 햇살이 아침을 펼치면
바닷빛을 닮은 파란 하늘 한가운데
섬처럼 떠 있는
나무 꼭대기 그 집
새들이 등을 부비며 살고 있는지
바람이 지나가다 잠시 쉬어가는 곳인지
이카루스처럼 날개를 달 수만 있다면
그 집에 가서 살고 싶어져
아마 그때는 새들도 바람도
쉴 자리를 내주시 않을까

저녁 시간

키 큰 가로등이 골목 끝에서
눈에 하얗게 불을 켜고
그림자로 장벽을 쌓은 어둠과
맞서고 있다

오일장을 돌아다니면서
생선 장사를 끝내고
선잠에 빠진 파란 트럭 밑에서
버림받은 생선 내장들이
길고양이들을 불러들이고

알콜에 잠식당한 남자의 시간은
칠 벗겨진 대문 그림자 등에
몸을 숨기고 바들바들 떨고 있는
여자를 탐색하고

발효된 언어들이 골목을 날아다니며
툭툭 불거져 튀어오르자
움직임이 그치길 기다리던 여자는
더디 가는 시간을 재촉하고 있다

소중한 사람

아직 어두운 하늘

멀리서 오롯이 반짝이는
새벽이라서 떠 있는
별 하나

먼발치에 있을 땐
잠깐 머물다 스러져 갈 빛이라
여겼습니다

점점 가까워졌을 때는
너무 높은 곳에 있어 그저
바라만 보고 있었지요

그때는 몰랐습니다
이렇게
가슴절절하게 다가올 줄
보고 싶어 눈물이 날 줄

보고 싶어 미치겠어

제3부
남자, 살아간다는 것

알콜 중독

어두운 방구석에서 남자가
소주병과 뒹굴고 있다

투명한 술병 속에
혀 꼬부라진 목소리가 들어가더니
새가 되어 훨훨 날아다닌다

어느 새 남자 몸뚱이가
술병 속에 들어가 있다

쓰러진 술병 속에는
잃어버린 남자의 일터가 들어 있고
철근을 떠메다 벗겨진 남자의
등이 비친다

젊었던 시절 꿈도
어렸던 자식들과 추억도 들어가
꼼짝을 하지 않는다

마누라 잔소리에 후다닥 뛰쳐나오더니

이번엔 집이 무너지는 소리가 들린다

기어코 술은 온 집안을 삼키고
끄윽 트림을 했다

이젠, 봄

오늘은 늘 다니던 길조차
아지랑이 속에 묻혀 버렸다
푸르스름하던 가지 끝에선
새 순이 꽃처럼 고개를 빠끔히 내밀고
숨죽인 것은 땅도 두꺼운 옷을
벗어 던져 버렸다
눈부신 햇살은 먼지만 좇아 날아다니고
그의 발끝에 걸린 신발이
거꾸로 매달려 그네를 타고 있다
그는 분명 삭제를 누른 적이 없다
그런데 주변의 익숙했던 것들이
모래성 허물어지듯
머릿속에서 하나씩 지워져갔다
평생을 같이 해온 아내가
세상을 먼저 떠나가 버린 건 알고 있는 걸까
아장아장 걷던 그의 아이들의 꾸밈없던 미소를
기억할 수는 있는 건지
멍한 눈동자가 한없이 깊다

부재

낮게 깔린 구름처럼
거무스름한 묵은 장독대에
검버섯이 군데군데 피어 있고,
주인이 집에 없는 것을 알았는지 이끼는 어느 새
넓은 영역을 차지하고 앉았다
툭툭 제 몸을 던지는 빗방울은, 떨어져
사위어 가고 있다
허리 아파 움직이지 못하는 마누라와
넷이나 되는 새끼들 먹여 살리느라
밤새우는 야간작업마저 마다 않던 그 남자
그냥 잠깐 졸았을 뿐인데
그 짧은 순간에, 기어이
돼지뼈를 자르는 기계 속으로
손목이 사라지는 것을 보고 말았다
텃밭의 양파는
주인의 발소리가 들리지 않아서인지
웃자란 풀 속에 숨어
눈치를 살피고
어깨가 움츠러든 항아리 주위를 맴돌던 바람은
늘어진 빨랫줄 위에서 윙윙거린다

액체 괴물

소꿉놀이하던 아이가
플라스틱 조그만 통을 엎지르자
점액질 액체가 방바닥에 한 바가지 쏟아진다
요즘 아이들 좋아하는 장난감이란다
손으로 주무르면 주무르는 대로
벽에 던지면 던지는 대로
액체는 다른 얼굴이 된다
쭉 잡아 뽑으면 미꾸라지가 되고
돌돌 감으면 달팽이집처럼 말렸다가도
벽에 던져 붙으면 왕거미가 되어 꿈틀거리는 걸
아이는 신기한 듯 바라본다

명절 때가 되면 우리집에도
흐물흐물한 점액질 물체가 하나 흘러 다닌다
손으로 주무를 수는 없지만
소파에 누우면 눕는 대로
의자에 묻히면 묻히는 대로
걷지도 앉지도 못하고 딱 붙어 흐물거린다
한 가지 제대로 움직이는 건 리모콘 쥔 손목 하나
드라마에 푹 빠져 현실 구분 못하고

개그 프로에 실없이 웃느라 정신 못 차린다
차례 상 차리느라 바쁜 여자에게
눈길 한번 건네지 않는 괴물이 살고 있다

만취

저녁노을이 머물다 간 가죽 소파는
술독에 빠져 유영하고
고래는 비틀거리는 땅거미에 기대어 졸고 있다

아무렇게나 던져진 그림자가
안간힘을 써 보지만
불어난 술은 점점 고래를 잠식해가고 있다

또 다른 그림자가
마른침을 삼킨다

거죽만 남은 소파에 누워
상처가 얼룩진 등으로
숨을 뱉어내며 꿈을 꾸던 고래는

급기야
거실 창을 밀어내더니 지느러미를 달고
붉게 빛나는 바다로 걸어가고 있다

자전거 사다리

담벼락이 붉게 취기가 오른 자전거를
뜯어 먹었나 보다
엊그제만 해도 꼿꼿하게 서 있는 걸 보았는데
어느새 무릎이 꺾여 있다
자전거가 기어이 일을 냈다

다 버려진 줄 알았더니
오늘은 금방이라도 달릴 듯
다리를 좌악 펴고 일어섰다
엊그제만 해도 꽃샘바람에 날릴 것 같던
나팔꽃이 자전거 다리를 감아올려
파란 하늘로 활짝 날개를 폈다

골목 풍경

북적대던 골목길이 하품만 하고
문 닫은 여학교의 철문은 하릴없이
골목 끝만 바라보고 있다
금이 가기 시작한 시멘트 담벼락엔
바르작바르작 올라온 능소화가
등에 난 종기처럼 붉게 번지기 시작했다
화장실 가다가 넘어진 할머니가
안방에 늘 누워 지냈다
시장에서 리어카를 끌고 다니며 채소를 팔고
영감님은 깨끗한 옷 입고 기생집 다니는데
일곱이나 되는 자식들 건사하느라
잠시 쉴 틈도 없이
움직였을 몸뚱이가
삐뚜름하게 누워 천장만 보고 있었다
어머니가 수시로 드나들며 보살폈지만
여름이 시작되자
등에 능소화처럼 붉은 꽃들이 피었다
날이 갈수록 꽃은 더 번져 나가고
꽃심에 고름이 사올랐다
그럴 때마다

어머니 눈에 차오른 눈물이 고름처럼 매달렸다가
바닥을 적셨다
붉은 꽃 이파리들이
굽은 등을 가득 덮던 날 할머니는
가쁜 숨을 놓았다
시멘트 담벼락의 생명이 다한 줄 어찌 알고
능소화는 그곳에 뿌리를 내린 걸까
뿌리 내린 자리를 조금씩 갉아먹으며
조금씩 조금씩 영역을 넓혀가더니 이젠
담벼락이 설 자리 까지 빼앗아 지탱할 곳조차
남기지 않았다
붉은 꽃잎에 덮인 그는
또 얼마나 버텨낼 수 있을까
아픈 몸과 싸우느라 안간힘을 쓰는지
꽃심에 고름이 가득 차 붉어진 꽃송이들을
툭, 떨어뜨렸다

처음처럼

신영복 선생이 붓을 댔다는
소주 처음처럼을 마신다
그가 감옥에서 보낸 만큼 독한 술기운이
가슴을 따스하게 흔든다

어두운 노량진에서 지내며
간신히 시험에 붙어 면사무소에 다니는
아들 녀석과 붉은 노을 앞에 앉았다

오랜만에 노량진에 다녀왔다는 아이는
여전히 우울하고
어깨에 걸린 가방이
저녁 해 그림자만큼이나 늘어져 있다

시험만 합격하면 뭐든지 다 할 것 같았는데
여전히 첩첩한 산이 가로막고 있다며
투명한 잔에 참았던 말들을 쏟아낸다

쥐꼬리만 한 월급에
방향을 가늠할 수 없이

사방에서 쏟아지는 소리들
자신의 귓바퀴로는 다 담을 수 없다고
아직 가야 할 길이 멀다고

두루마리에 말려 미래는 보이지 않는데
노을 속으로 땅거미는 스물스물 밀려들고

아들 녀석의 어깨를 짓누른 짐을
덜어줄 수 없는 나는
처음 쓴 잔을 들 때처럼
씁쓸한 말들이 입안에서 서걱거리다가
보이지 않는 남은 길
미리 펼치지 않아도 된다고
투명한 잔을 함께 비운다

까맣게 길을 지우는 땅거미에 등을 기댄다

풍경과 상처

후미진 골목길에
갈 곳 잃은 발들이 옹기종기 모여 있다
빗물에 퉁퉁 불은 간판이 우스갯소리를 한다

얼기설기 얽혀 있는 상처가
웅크리고 앉아
깜빡깜빡 졸고 있다
축축한 냄새가 제 집처럼 자리 잡고
실금이 꿈틀거리는 벽에서 꽃들이 핀다

꽃의 숨통을 조이는 시계 바늘이
허락하지 않은 풍경들

저만치 앞서 피어 있는 어린것들의 볼우물이
길가의 망초꽃 한 아름 같다

한때의 첫사랑도 지워진 늙은 얼굴들이
침침하게 누워 있다
커다랗게 입 벌리고 있는 승강기 속으로
스미듯 빨려 들어가는 숨소리에 풍경은 없다

고춧대 태우던 날

숨이 멈춘 지 오래된 것 같은
바짝 마른 고춧대를
늙은 농부가 제단처럼 쌓았다
플라스틱 라이터로 불을 붙이자
일제히 일어선 재들이
문상객 없는 화장터에
성긴 눈발처럼 날아다녔다
그래도 핏줄은 남겼나 보다
말라비틀어져 쭈글쭈글해진
색깔도 하얗게 변해버린 고추를
검은 비닐봉지에 담아 잘게 부쉈다
다 타고 남은 유골처럼 희뿌연 가루를
논바닥에 뿌렸다
재로 사라진 줄 알았더니
그 자리에 붉은 꽃이 무성하게 피어났다

낙엽 태우는 냄새가 난다

가슴을 빨갛게 태우고서야
저무는 가을 햇살을 견디는 건
온몸을 던지는 일이다

시뻘건 립스틱을 칠하고
농염한 자태로 뭇 사내 홀리던
큰길 가 늘씬한 칸나도 사라지고

텅 빈 들판을 덮어 누르던 매캐한 연기는
갈바람에 이리저리 흔들리다가
기어이 허공에 몸을 감췄다

검불 같은 이웃집 노인은
커겅커겅 기침을 뱉어내려 들지만
끝내 막힌 기도 뚫리지 않고

느물느물 좀처럼 넘어가지 않던 붉은 해
여학교 담장에서 흩어졌다

점점 어두워지는 서쪽 하늘 가득

집 잃은 까마귀들

무리를 진 채 빙빙 돌고 있다

광천역 풍경

천수만에서 불어오는 황해 바람에
화답하는 걸까
젓갈 골목을 지나가는 자전거 바퀴살에
젓 비린내 맛깔스럽게 감긴다

새우처럼 굽은 여자의 등
감돌다 온 바람
두 손 번쩍 든
입간판을 진종일 흔들어도 아프지 않다

깨진 기와 틈을 빌어 핀 산국에 얹힌
파란 하늘에 흐르는
새털구름 따라
가을은 더욱 깊어진다

도시의 흉년이 토해내는 폐기물 탓에
날로 죽어가는 바다
눈이 맑은 새우들 갈수록 줄어들고
올 새우젓 값 천정부지로 치솟아
파리만 날리는 광천역 젓갈 골목

좌판을 가지런히 지키던 새우들
일제히 허리를 펴
바다로 첨벙 뛰어들 기세에 얹혀
가을 하늘은 더욱 높아지고

발길이 뜸해진 젓갈가게 앞으로
서둘러 몰려드는 땅거미 등에 진 채
시간이 쥐꼬리만 하게 남은 아낙들
마른침을 꼴깍꼴깍 삼키고 있다

충전기

그를 위해서라면
오후 내내 모은 몇 줌의 짜릿한 전류쯤
아낌없이 다 내주어도 좋다
바닥이 훤히 보이도록 다 퍼주어
다시 허기에 시달린다 하여도
그가 잃어버린 말을 되찾을 수만 있다면
내 몸이 얇아져 홀쭉해져도
보는 것만으로도 흡족하다
하루 종일 사람들과 입씨름하느라
열에 더 들떠 마른침을 삼키고 있는 그를 보면
내 가슴이 먼저 아프다
사람들이 궁금해하는 맛집을 구석구석 돌아다니고
잃어버린 아이를 찾아 주느라
정신을 쏙 빼놓은 채
힘에 겨워 지쳐가는 그에게
보이지 않는 에너지를 보낸다
오늘은 노래 부르는 소리마저
토방 한 구석에 놓아 둔 쪽파처럼 늘어졌다
그를 일으키려면
바닥에 남아 있는 전류 한 모금까지

짜릿한 혀로 퍼 올려야 한다
욕망이 목울대까지 다 채워지고 나면
그는 언제 그랬냐는 듯
차갑게 돌아설 것이지만
몸이 불덩이가 될 때까지
따스한 입김을 불어넣어 주고 싶다
물병이 바닥까지 비우면서 갈증을 채워주듯
그를 위해 나를 아낌없이 던지고 싶다

나목

우거진 소나무 숲 낮은 산자락에
밤나무 한 그루가
하얀 눈발이 흩날려 온 세상이 얼어붙어도
꼼짝하지 않고 서 있다
사남매가 고개 아프게 바라보았던
아버지 같은 높다란 나무
언제나 그렇듯이
더위가 채 가시지 않은
어린 날 초가을 저녁
화톳불 속 밤톨만 한 구멍이 일렁이던
아버지 등이
세상 전부였던 때가 있었다

자식들 모두 객지에 내 보내느라
산등성이를 닮아버린 등
파랗게 툭 튀어나왔던 힘줄도
세월 속에 묻혀 늙어갔다

뒷산 모든 것들이
제집처럼 드나들어 겨울이면

빈 몸으로 울어야 했던
소나무 숲 끄트머리에 남겨진
외로운 밤나무 한 그루

개망초

뜨겁게 달궈진 시멘트 둑길 양옆으로
흐드러지게 피어 있는 수수한 꽃무리
지나가는 사내들 홀리려고 웃어보지만
눈길조차 주지 않는다
비단 같은 잔디 깔린 언덕 위
화려한 꽃으로 피어났으면
세상의 재미를 누리고 살았을까마는
논두렁 밭두렁 잡초 무성한 곳에
흔하디흔한 개망초로 피어나
향기도 표정도 없이 야위어만 가고 있다
음력 유월 끝자락
불덩이 같은 햇빛에도 그을리지 않고
뽀얗게 서 있는 것은
사내들에 대한 미련을 버리지 못함인가
젖은 땅 마른 땅 가리지 않고
뿌리 뻗어 자기 영역을 무수히 넓힌 용기는
어디 갔을까
후두둑후두둑 지나가는 소나기에도
묵묵히 서 있다

제4부

희망을 노래하다

겨울에만 피는 꽃

–연탄을 보며

깊은 땅 속에서
차오르는 숨을 삼키느라
검게 변해버린 푸른 잎사귀

한때는 밀림 속에서
맹수들의 먹을 것을 마련해 주었고
피난처가 되기도 했었다
수천 년의 시간이 지난 지금은
낮은 곳의 사람들과 숨을 쉬기 위해
온몸을 불사르는
검은 흙 한 덩이가 되었다

하얀 재로 변해
쓸모없는 땅에 버려져야 할,

그 버려진 땅에서 다시
이 세상을 뜨겁게 덥혀줄 누군가가
다시 태어나길 바라는,

산길

–영국사 가는 길

초록빛 그늘은
계곡물 따라 흐르고

울적한 마음 가라앉히려 올라가는 길
넓적한 바위마다 쌓인 돌탑은
누구의 가슴 먹먹한 사연이 들어 있는지
가시처럼 아프다

이 생각 저 생각 하며 몇 발자국 옮기다 보니
폭포가 쉬어가라고 손짓한다

선녀의 비단 옷자락이
굽이치는 삼단폭포를 만들어 놓은 걸까
부서지는 물방울마저 신비스럽다

가슴속에 똬리를 튼 응어리를
떨어지는 폭포 속에 쏟아부었다

파래진 하늘이 맑게 웃고 있었다

보리

산자락 끝에 보리를 심었다

모든 것이 얼어버릴 것 같은 추운 날

보리밭에 가 보았다

하얀 눈이 집을 만들어 보리를 키워내고 있었다

튼실하게 자라는 걸 보고 싶어서
자근자근 밟고 돌아다녔다

밟힌 보리가 꺾인 허리를 폈다

또 밟으면 꺾인 허리를 펴고 다시 일어섰다

이 추운 날 밟혀야만 하는 이유를
보리는 알고 있을까

아이가 구석에서 서럽게 울고 있다

온실 속 화초처럼 보살핌만 받고 자란 아이

게임만 하느라 숙제를 빼먹고 왔길래

잔소리 좀 했더니
눈물 바람이다

보리를 밟아주고 난 후

발이 축축하게 젖으면 눈이 녹아 그런 줄 알았더니

아이가 우는 것을 보고 알게 되었다

발에 밟힌 보리가 아파 흘린 눈물이란 것을

세상 밖으로

뽕나무 이파리를 가득 담아 놓은
비닐봉지 속에
하얀 나비 한 마리가 날개를 파닥이며
안으로 안으로만 파고들고 있다

빛이 나는 눈을 가진 현우는
하얀 날개를 가진 나비다
미세먼지가 너무 많아
사방이 비닐막처럼 둘러싸인
공부방에 넣어 놓았더니
세상 밖으로 나갈 탈출구를 찾고 있던 걸까

쨍그랑!
유리창 깨지는 소리가 들렸다

시계 바늘 속에 갇혀
쳇바퀴처럼 반복되었던 시간들을 툭 털어버리고
깨진 유리창 밖에서 날갯짓하던 현우가
힘차게 날아올랐다

뽕나무 이파리 속에서 바스락거리던 나비도
현우를 따라 하얗게 날아올랐다

쌍둥이

똑같이 생긴 벌 두 마리가
약을 바짝바짝 올리며
내 주변을 맴돈다
파리채를 들고 잡으려고 쫓아다니다
지쳐서 그만뒀다
어쩌면 하는 짓이 세훈이와 세현이 같은지
"야! 새꺄! 의사가 나부터 꺼내야 했어"
"야! 임마!내가 먼저 나온건 운명이야"
"야! 새꺄! 네가 나보다 잘하는 게 뭐냐?"
"웃기고 자빠졌네"
또 시작이다
입속에서 튀어나온 말들이 공부방 안에서
엎치락뒤치락
욕들은 참 찰지게도 입에 달라붙어
떨어지지도 않는다
깔깔대며 웃는 아이들이
세훈이와 세현이의 만담을 부채질한다
책상에 엎드려 엉덩이 치켜든 세현이는
잠시도 입을 쉬지 않는다
그에 질세라 세훈이는 형이라고 잔소리를 해댄다

어디로 튈지 모를 벌 두 마리
느닷없이 세림이가 울고 있다
세현이 세훈이한테 쏘인 것이다
일이 터지게 되면
둘은 세상에 둘도 없는
형제애를 발휘한다
파리채를 들고 쫓아가면 꽁지를 팍 내리지만
눈치를 살살보다 당한 만큼 갚아준다
꽉 짜인 틀 속에 가둬 놓아 보지만 기어코
벗어나려 꿈틀대는 두 마리의 땡벌

혜국사에서

구비구비 문경 새재를 넘다
혜국사에 들렀다
천원짜리 몇 장 놓고 절을 했다
마침 출출하던 참에
물을 한 바가지 마시려는데
비구니 스님이 국수나 한 그릇 말아 드세요 한다
입속에서 못 하겠다는 말이
서걱거리며 돌아다녔지만
뱉어내지도 못한 채 부엌으로 들어갔다

늘 절에 오면 부처님 전에서
남편 돈 많이 벌게 해 달라고
부모님 건강하게 해 달라고
새끼들 잘 되게 해달라고 도움만 청했었다

국수를 마는 김에 여러 그릇 내어
뙤약볕을 인 채 절집을 고치는 인부에게도 건넸다
언젠가 그들 기억 속에
국수 한 그릇으로 행복해지기를 바라는 마음으로

뿌듯하게 몸과 마음을 채우고
산을 내려오는데
짐을 풀어 놓은 듯 어깨가 가벼웠다
땅거미가 밀려드는데도
석등이 산 아래로 닿는 길
환히 열어 준다

다섯 살 이은이

거실 가득 장난감을 흩어놓고도 부족한 걸까
빨간 플라스틱 통을 들고 와서 팍 엎어놓았다 그러더니
레고를 한 웅큼 밀어 주면서
할머니도 빨리 만들라고 독촉한다
꼼지락대는 그 작은 손가락이 큰 공사를 시작하고 있다
할아버지가 집 짓는 것을 본 것인지
이리저리 끼워 넣으며 제법 잘 만들고 있다
야무진 손끝은 누굴 닮았는지 만드는 것마다 작품이다
혹시 우리 집안에 천재가 태어난 것은 아닐까
내 나이에 손녀를 이기려고 시작한 것은 아니지만
잠재되어 있던 승부욕이 스멀스멀 기어나오고 있었다
기초를 놓고
식구가 많은 탓에 크게 만들어야 되고
급한 마음에 얼굴은 달아오르고
등으로 땀은 줄줄 흐르고
에어컨을 켜려고 리모컨을 찾고 있는데

어느 새 완성했는지

손바닥을 탁탁 털면서 하는 말

"할머니! 1등도 좋지만 꼴찌도 괜찮은 거라고 엄마가 그랬어요"

다섯 살 손녀가 쓸데없는 승부욕에 불타는 할머니에게

일침을 놓았다

가을에 핀 베고니아

–비전향 장기수 서옥렬

담장 높은 집에서 이사 온 베고니아가
주홍빛 입술 오물거리며 단칸방에 둥지를 틀었다

아쉬운 가을볕 그나마 잘 드는
창문 앞에 두고
겨울을 견뎌 낼 힘을 길러주느라
맑은 물도 주어보고 입김도 불어넣었다
말 못하는 식물도
사람의 발소리를 들으며 자란다기에

살가운 이들 하나도 없는 감옥에서
29년을 보낸
장기수의 아픔은 어땠을까
피붙이들 대신 단칸방에 들인 베고니아의
핏빛 투명한 꽃잎을 본다

베고니아꽃 같은 젊은 아내와
어린 아들 둘이 가슴속에 지칙인 듯 요동치고 있다

부치지 못할 편지를 쓰면서
시간의 딱딱한 더께를 견딘 장기수,
갇혀 지낸 세월만큼 깊게 패인 주름…

누군가 음흉한 탈을 씌우고
한 남자에게 안긴 구순이라는 낙인은
그의 것이 아닌
갈라진 땅에 파인 상처이다

아니 모른 채 살아온
우리들이 안겨준 것 같아
상강을 힘겹게 넘기는 베고니아에게
따스한 입김을 불어넣는다

그를 위해 따스한 저녁놀을 펼친다

어라!

기우뚱하게 서있는
저 파리하게 질려 있는 얼굴들
뒹굴어 떨어진 저것들은 뭐지?

서로 등을 맞대고 떨고 있는 것들은 또 뭐고
깊은 골짜기 매달려 있는
굴참나무 그루터기처럼 아슬아슬한 모습

차곡차곡 쌓아 놓으려고 발을 옮겼다

아뿔싸!

마른 열매들이 싹을 틔우려다
생명으로 맺지 못한 채 켜켜이 쌓여 있었다

계절이 잊혀진 듯
싹이 움터 뾰족하게 올라온
파릇한 냉이의 여린 어깨

그거였구나!

시멘트 바닥을 뚫고,
동료의 죽음을 딛고 올라선,
아픔 서린 맑은 미소를 발견하고
삐딱하게 서 있는 모습들이라니

시험 감독 하던 날

쏟아지는 장대비를 와이퍼로 밀쳐내며
달음박질쳐 학교로 왔다

예쁜 옷에 샌달 신고
멋 부리며 오고 싶었지만
비에 젖으면 축축한 느낌이 싫어
긴팔 옷에 검은 운동화 꺼내 신고

교실에 들어서자

훅 달아오르는 실내

온도는 36 곱하기 30

밖을 내다보니
하늘은 군데군데 검은 생채기로 얼룩져 있고
바람 한 점 없는 것이
꼭 소나기 쏟아지기 1초 전

질펀한 습기는 선풍기와 함께 돌아가고

가끔 들리는 헛기침 소리
시험지 넘기는 소리
의자 삐거덕대는 소리

그리고
불쾌지수는 속도 무제한

시내버스 1

눈부신 해가
저 들 끝으로 멀어져 갈 때

오랜만에 시내로 향하는
시내버스에 몸을 실었다

앞만 보며
달려가던 길

달맞이꽃이
달을 기다리며 벙글고 있었다

멀리 보이는 산과 들이
어둠 속으로 묻히고 있었다

시내버스 2

고단한 시내버스는
사람만 싣는 것이 아니다

시장통 좁은 골목에 들어서면
시골 아낙의 푸성귀 냄새
시장 귀퉁이 선술집 막걸리 냄새
할머니 좌판대의 생선 비린내

골라, 골라
만원에 세 장
목 터져라 외치는 사내의 목소리까지
모두 모아 싣다 보면

네 바퀴 가득
한낮의 햇살이 굴러간다

또 다른 하루

잠에서 깨어 창문을 열면
어제와 전혀 다른 오늘이 기다리고 있다

기름때 얼룩진 옆집 카센타 간판 앞에는
보통사람보다 두어 배 정도 높은 트럭들이
새벽부터 서성거리고
그 속에 묻힌 내 집은 온종일
카센타 남자의 볼트를 조이고 푸는 소리에
칼날처럼 하루를 곧추세운다

차 밑으로 기어들어 가 누운
남자의 목소리는
고장난 엔진처럼 덜그럭거리기도 하고
타이어처럼 굴러다니기도 한다

차 속에서 긁어낸 부속들이
폐차장 차에 끌려 나가고 나면
어둠은 흙먼지처럼
카센타 마당에 가라앉고
침묵을 지키던 가로등이

비로소 침묵을 밝게 늘어놓기 시작한다

어제와 전혀 다른 오늘이
막을 내린 무대에서처럼
서서히 어둠 속으로 달려든다

빨래

남편이 여행 간다고 바쁜 소리 하길래
짐 다 싸 놓고 어수선해진 집안 청소하고
밥 먹을 새도 없이 정리하느라
쉬지도 못하다가
잠시 짬이 나 소파에 누웠다
손녀딸이 푹 빠져 있는 티비 속 만화를 보다가
문득
세탁기 속에 들어 있을 빨래가 생각났다
항상 바쁘게 살다 보니
흰옷과 색깔옷을 분리 못하고
같이 빠는 게 습관이 되어버려
우리집 빨래는 비누 구경도 못한 것처럼 색깔이 낯설다
어제도
뙤약볕에서 일하다가 온 남편의 먼지 묻은 옷들과
운동장에서 뒹굴다 들어온 손들이 닦은 수건들을
한꺼번에
세탁기 속에 던져 넣었었다
세제를 넣으려고 세탁기 뚜껑을 여는 순간
멈칫했다

방학이라 놀러온 손녀딸의 옷은
세상의 흙먼지 묻은 것들과 섞어 놓으면
안 될 것 같았다
눈만 뜨면 밖에 나가자고 졸라도 바빠 나갈 수 없어
티비 속 만화에만 맡겨 놓은 게
가시처럼 목에 걸렸다
오랜 시간 동안 세탁기 뒤에서
먼지만 켜켜이 끌어안고 있는 빨래판을 꺼냈다
솔로 싹싹 비벼 깨끗이 헹구어 놓고
아이 옷에 비누를 묻혀 꼼꼼하게 비벼 빨았다
친구들과 같이 놀 때
서로 꼬이지 않기를,
늘 건강하고 밝게 크기를,
거품이 물에 풀려 나가는 것처럼
앞날도 잘 풀리기를 기도하면서
맑은 물에
고운 빛깔이 살아날 때까지 헹구어
다독다독 펴서 눈부신 햇살이 스며든 마당에
내다 널었다

■해설

서정과 이미지로 구축한 경계의 시학

박 몽 구

(시인 · 문학평론가)

홍성은 예로부터 기호 지역의 중심을 이루는 곳이다. 서쪽으로 천수만(淺水灣)에 면해 있고, 동쪽으로는 금마천(金馬川)의 맑은 물을 들이키며 펼쳐진 들판에서 벼농사가 활발한 곳이지만, 시골 이미지에 그치지 않고 늘 깨어 있는 곳이다. 그래서 이 고장에서는 한국 근대시의 한 정점을 이루는 한용운을 배출했고, 오늘날에도 한국 농민운동의 산실이 되는 등 살아 있는 정신을 간직하고 있는 땅이다.

주선미 시인은 이 같은 홍성의 정신을 내면화한 품성을 지닌 시인이다. 황해를 품은 안면도를 태생지로 한 만큼 인면도 소나무 숲 바람소리를 내면화한 서정을 펼치고 있고, 다른 한편으로 지역을 뛰어넘어 앞으로 나아가려는 진취적인 정신을 아울러 간직하고 있다. 또한 그 같은 생각을 갈무리되지 않은 췌언으로 일관하지 않고, 의미를 단단하게 농축한 이미지로 함축해내는 시적 역량을 선보이고 있다.

황해 바람 몰아치는
안면도의 가을을 견디는 건
거친 파도에 점령당하는 개펄뿐이다
가을 안면도에서는 바다가 바닥까지 내려간다
그 바닥에서 아낙은 눈이 맑은 갯고둥을 줍는다
갯고둥은 거친 파도에 제 몸을 다 내주고
맑은 눈만을 건진다
흑백 판화 속 풍경을 이룬 여자
세상의 가장 낮은 자리를 차지한 채
죽음보다 깊고 차가운 수렁에
온몸을 던져 갯고둥을 딴다
신기하게도 세상의 빛을 본 갯고둥
먹탄빛 몸을 닦을수록
티 없이 맑은 눈 빛난다
생의 빛나는 시간들 검은 개펄에 던져
온몸에 목탄을 바른 그 여자
함지박 가득 초롱초롱 담긴
갯고둥의 맑은 눈에
대처로 나가 개켜 둔 꿈을 펼치는
아이들 맑은 눈 읽으며
에둘러 개펄을 점령해가는 밀물과
땅거미를 몇 발짝 더 멀리 밀어낸다

더 낮은 데로 저를 던진다

―「갯고둥」 전문

이타적 삶의 공간 안면도

주선미 시인의 성장지인 안면도를 시적 공간으로 한 작품이다. 화자는 바다 농부의 삶을 가리켜 '가을 안면도에서는 바다가 바닥까지 내려간다/ 그 바닥에서 아낙은 눈이 맑은 갯고둥을 줍는다' 고 말한다. 황해에 면한 개펄을 바탕으로 삶을 꾸려가는 일을 바닥을 딛는 일로 파악한다. 하지만 그것을 단지 고되고 궂은 작업으로만 규정하는 데 그치지 않고, '바닥에서 맑은 고둥을 줍는다' 고 말함으로써 바다 농업이 얼마나 값진 것인지 강변하고 있다. 또한 결구를 통해 '온몸에 목탄을 바른 그 여자/ 함지박 가득 초롱초롱 담긴/ 갯고둥의 맑은 눈에/ 대처로 나가 개켜 둔 꿈을 펼치는/ 아이들 맑은 눈 읽' 는다고 밝힘으로써 힘든 당대인의 삶이 밝은 미래를 견인한다는 사유를 펼치고 있다.

어머니의 굽은 허리에는
사립문 밖 소나무가 같이 앉아 있다

무엇이 짓누르는지 위로 올라가지도 못하고
한없이 옆으로만 팔을 뻗은 나뭇가지들

얼마나 많은 응어리를 감추며 살아왔길래

쇠똥 같은 껍질만 저리 거칠게 앉았을까

그녀의 굽은 허리를 볼 때마다 생각나는
사립문 밖 소나무 한 그루

아픔을 떠받치고 살아왔을 세월이 아프다

—「어머니와 소나무」 전문

한여름에 거름을 져내느라
검게 변한 아버지 어깨가
새끼에게 먹을 양식 한사코 품안에 감추듯
옥수수는 물방울을 지키느라
가뭄을 온몸으로 이기고 서 있다

마른 이파리들이 서로 엉겨
따가운 여름 볕을 견뎌가며
우리 아버지 입술처럼 꼭 다문 채

이가 빠진 사진 속 아버지는 늘
부끄러움을 선글라스 속에 감추고
머리가 하얘지도록 비틀린 입술을
도장처럼 찍어놓는다

—「옥수수」 부분

안면도를 시적 공간으로 한 두 편의 시를 더 골라 보았다. 태어난 날부터 오늘에 이르도록 고향의 들과 바다를 지키며 살아가는 노부부의 모습이 선명하게 그려진다. 고향을 지키면서 살아간다는 것은 큰 고통을 감내하며 살아가는 일이지만, 당대의 삶에 연연하지 않고 시각을 넓혀 어린 것들을 통해 활짝 열린 세계를 품는 노부부의 모습이 잔잔한 감동을 불러일으킨다.

앞의 시에서 화자는 '얼마나 많은 응어리를 감추며 살아왔길래/ 쇠똥 같은 껍질만 저리 거칠게 앉았을까// 그녀의 굽은 허리를 볼 때마다 생각나는/ 사립문 밖 소나무 한 그루' 라고 노래하고 있다. 이를 통해 어머니와 소나무를 은유의 고리로 연결함으로써, 겉으로는 쇠똥 같은 껍질을 쓰고 있으면서 어린 것들을 넉넉하게 앉히고 있는 어머니의 미덕을 환기시킨다.

뒤의 시에도 자신에게 주어진 삶의 고달픔은 돌보지 않으면서 다음 세대에게 넉넉한 삶의 토대를 마련해 주려는 가장으로서의 아버지의 모습이 절실하게 그려져 있다. 화자는 '거름을 져내느라/ 검게 변한 아버지 어깨' 를 '물방울을 지키느라/ 가뭄을 온몸으로 이기고 서 있' 는 옥수수와 대비시킴으로써 아버지의 노동이 값지고 살가운 것이라는 사유를 내면화하고 있다.

주선미는 이렇듯 안면도를 그의 넉넉하고 살가운 정신적 바탕으로 그리고 있다. 그것은 한 시인의 시적 배경을 넘어, 무릇 자신을 돌보지 않고 다음 세대가 삶의 보람을 넉넉하게 결실 맺기를 열망하며 묵묵히 힘든 삶을 즐겁게 감내하는 인간상으로 확대되고 있다.

홀로 제길을 가는 여자

이번 시집에서 주선미 시인이 크게 관심을 기울여 시적 형상화 작업에 나서고 있는 것 가운데 하나는 우리 시대 여성의 삶이다. 시인은 단순한 생존이 아닌 인간다움을 획득하기 위하여 부단하게 나아가는 여성상에 주목하고 있다. 여성에게 가해지는 삶의 무게, 때로는 사회가 가하는 냉대를 투시하는 한편 편견과 차별을 넘어 묵묵히 인간다움을 실행에 가는 여성상에 주목하는 시인의 눈을 읽을 수 있다.

그녀 혼자 몸이 달았다

차갑게 온 몸을 감싸오는
겨울바람이 좋아서
홀로 향기를 피워냈다
새처럼 하늘을 날고 싶었고
바람과 함께 세상을 누비며 살고자 했다
그러던 어느 날 갑자기 그가 사라졌다

푸른 바다에서
호시탐탐 기회를 엿보며
낮잠 자던 봄 햇살이
기지개를 펴더니 순식간에
그녀 앞에 나타났다

온몸으로 버티다가

울컥 쏟아진 피 한 덩이

—「동백꽃」 전문

동백꽃의 식생을 환유로 하여, 역경을 넘어 활짝 꽃 피우는 여성의 삶을 환기하고 있는 작품이다. 동백나무는 대부분의 식물들이 생장을 멈추는 한겨울에 빨갛게 불타는 꽃을 피운다는 점에서 어려움을 이기고 열매를 거두는 불굴의 여성상과 맞닿아 있다.

위에 든 시에서도 그 같은 여성의 미덕을 살펴볼 수 있다. 두 번째 연에 제시된 '차갑게 온 몸을 감싸오는/ 겨울바람이 좋아서/ 홀로 향기를 피워냈다' 는 대목은 신난을 감수하면서 스스로 삶을 꽃피워 가는 여성상을 환기하는 알레고리이다. 이어서 대구로 제시된 '새처럼 하늘을 날고 싶었고/ 바람과 함께 세상을 누비며 살고자 했다/ 그러던 어느 날 갑자기 그가 사라졌다' 는 대목을 통해, 한 인간으로 살아가면서 타인에게 적잖은 부분을 의지하여 타성적으로 걸어온 길을 환기한다. '바람' 으로 상징되는 겉모습을 중시하는 삶, 남의 힘을 빌려 그럴듯하게 꾸려가는 삶은 곧고 굵은 줄기를 이루지 못한 채 홀연히 증발해 버리고 마는 생리를 지녔음을 투시하고 있다.

하지만 화자는 '푸른 바다에서/ 호시탐탐 기회를 엿보며/ 낮잠 지던 봄 햇살이/ 기지개를' 편다고 말함으로써 묵묵히 여성으로서의 삶을 궁행하면서 기다릴 때

일어설 기회는 반드시 찾아온다는 점을 힘있게 석명하고 있다. 결구에 배치된 '온몸으로 버티다가/ 울컥 쏟아진 피 한 덩이'는 동백꽃의 명징한 은유이다. 여성의 건강한 생리를 환기하는 한편, 생명 창조의 주체로서 굳건히 서는 여성상을 인상 깊게 형상화해 놓고 있다.

달고 듬직한 몸을
온몸에 깊이 패인 주름으로 견디는 것을 보면
늘 식구들 위해 갈고 닦느라
얼굴 가득 그어진 주름으로
잃어버린 시간을 견디고 있는 어머니다

수십 년 식구들의 발이 되어
새로운 세상을 보여주다가
이제 폐차장 앞에 섰지만
가속 페달을 밟으면 금세 튀어나갈 것 같은
고물 자동차가 간수한 시간

그 넓은 터를 에둘러
점점 자리를 좁혀가는 호박 덩굴 속에서
오롯이 핀 꽃 한 송이

내 마음에 새로운 꽃씨를 심는다

-「가을 호박 덩굴 속에서」 부분

비가 내려 우울한 날에는
따뜻한 커피를 마시며 유리창을 타고 내려가던

빗방울만 바라봤던 날도 있었는데

나이가 들어가면서
저녁놀이 젖어도
시간이 바다로 기울어져 갈 때도
눈물 한 방울 흘리지 않은 채 별 감흥 없이 보내게 되었다

초경처럼 갑자기 찾아 온 갱년기

잃어버린 시간을 찾아
작은 여자를 버리고
깨어 있으라고
바스락거리는 낙엽에도 마음 베인 채
낯선 거리를 달려보라고

아직도 내 안에 남아있는 여자가 따끔 거린다

–「다시 찾은, 여자」 부분

사물로 여성의 주체적인 삶을 비유하고 있는 시들을 골라 보았다. 앞에 든 시에서 화자는 울타리 밑에 옴팍하게 자리를 잡은 호박을 가리켜 '달고 듬직한 몸을/ 온몸에 깊이 패인 주름으로 견디는 것을 보면/ 늘 식구들 위해 갈고 닦느라/ 얼굴 가득 그어진 주름으로/ 잃어버린 시간을 견디고 있는 어머니다' 라고 말한다. 자신을 위해서는 그 무엇도 놓지 않고 슬하의 식구들을 돌보느라 주름 가득한 어머니와 호박을 은유의 고리로

연결해 놓고 있다. 화자는 그런 어머니가 '잃어버린 시간'을 견디고 있음에 주목한다. 자신을 위한 시간이 식구들에게 돌려졌음을 환기하는 아이러니로, 제 몸을 아끼지 않으면서 사랑을 갈구하는 존재들을 큰 품으로 끌어안는 미덕을 부각시키고 있다.

뒤에 든 시에서는 그렇게 어머니의 보살핌을 받아온 여성이 이제는 비로소 어머니의 아픔을 함께 하는 경지에 다다랐음을 감명 깊게 보여준다. 즉 '나이가 들어가면서/ 저녁놀이 짖어도/ 시간이 바다로 기울어져 갈 때도/ 눈물 한 방울 흘리지 않은 채 별 감흥 없이 보내게 되었다'고 고백하고 있다. '감흥 없는' 시간을 보내고 있다는 것은 어느덧 갱년기에 도달해 있음을 암시하는 대목이다.

하지만 화자는 이 같은 현상은 어디까지나 몸에 새겨진 시간일 뿐, 아직 정신의 날개는 결코 낡지 않았음을 밝힌다. 시의 결구 부분에서 화자는 '초경처럼 갑자기 찾아 온 갱년기// 잃어버린 시간을 찾아/ 작은 여자를 버리고/ 깨어 있으라고/ 바스락거리는 낙엽에도 마음 베인 채/ 낯선 거리를 달려보라고// 아직도 내 안에 남아있는 여자가 따끔거린다'고 말한다. 즉 갱년기는 여성성이 퇴화되는 시간이 아닌, '초경'과 연결 지음으로써 비로소 참다운 인간이 되는 시간이라고 힘주어 말한다. '깨어 있으라', '낯선 거리를 달려보라', '남아있는 여자가 따끔거린다' 등의 표현은 정체를 넘어

진정한 여성성을 자각하고 출발하는 시간이라는 점을 환기해 준다.

이웃을 바라보는 따스한 시선

이와 함께 이번 시집에서는 우리 사회의 기둥을 이루는 사람들에 대한 따스한 시선도 두루 만날 수 있다. 시인 개인의 삶을 추구하는 데만 골몰하지 않고 함께 살아가는 이웃을 감싸 함께 일으키는 여성상을 가다듬고 있다. 프랑스의 문예이론가 줄리아 크리스테바는 자신을 변호하고 높이는 데 관심을 두고 살다가도 어려운 이웃들을 만나면 넓은 가슴으로 끌어안는 여성의 성정을 가리켜 '코라(chora)'로 규정한 바 있다. 주선미가 이웃들에게 건네는 따스한 시선과 손도 이 같은 정서와 긴밀하게 연결되어 있음을 살펴볼 수 있다.

신영복 선생이 붓을 댔다는
소주 처음처럼을 마신다
그가 감옥에서 보낸 만큼 독한 술기운이
가슴을 따스하게 흔든다

어두운 노량진에서 지내며
간신히 시험에 붙어 면사무소에 다니는
아들 녀석과 붉은 노을 앞에 앉았다

오랜만에 노량진에 다녀왔다는 아이는
여전히 우울하고

어깨에 걸린 가방이
저녁 해 그림자만큼이나 늘어져 있다

시험만 합격하면 뭐든지 다 할 것 같았는데
여전히 첩첩한 산이 가로막고 있다며
투명한 잔에 참았던 말들을 쏟아낸다

쥐꼬리만 한 월급에
방향을 가늠할 수 없이
사방에서 쏟아지는 소리들
자신의 귓바퀴로는 다 담을 수 없다고
아직 가야 할 길이 멀다고

두루마리에 말려 미래는 보이지 않는데
노을 속으로 땅거미는 스물스물 밀려들고

아들 녀석의 어깨를 짓누른 짐을
덜어줄 수 없는 나는
처음 쓴 잔을 들 때처럼
씁쓸한 말들이 입안에서 서걱거리다가
보이지 않는 남은 길
미리 펼치지 않아도 된다고
투명한 잔을 함께 비운다

까맣게 길을 지우는 땅거미에 등을 기댄다

—「처음처럼」 전문

공직자의 길에 들어서서 적잖은 어려움을 겪는 아들과 이를 안쓰럽게 들여다보는 어머니가 함께 앉아 나누는 담화를 알레고리로 엮은 작품이다. 화자는 민족의 화합과 통일을 외치다 오래 옥고를 겪은 바 있는 고 신영복 선생의 일화를 에피소드로 하여 어린 아들이 체득해야 할 기다림의 지혜를 들려주고 있다.

어린 아들은 '어두운 노량진에서 지내며/ 간신히 시험에 붙어 면사무소에 다니는' 청년이다. 혈기 왕성한 그의 눈에는 마음대로 뜻을 펼칠 수 있는 일보다 '시험만 합격하면 뭐든지 다 할 것 같았는데/ 여전히 첩첩한 산이 가로막고 있'는 모양이다. 아마도 '쥐꼬리만 한 월급에/ 방향을 가늠할 수 없이/ 사방에서 쏟아지는 소리들'은 그에게 참으로 견디기 어려운 마음의 짐을 안겼으리라.

어머니는 그런 아들을 무작정 거들고 위로하기보다 힘든 시간을 견디고 처음 자리로 돌아온 신영복 선생이 걸어온 길을 더듬어보며 천천히 가라고 귀띔하고 있다. 화자는 아들과 잔을 나누며 '아들 녀석의 어깨를 짓누른 짐을/ 덜어줄 수 없는 나는/ 처음 쓴 잔을 들 때처럼/ 쌉쓸한 말들이 입안에서 서걱거리다가/ 보이지 않는 남은 길/ 미리 펼치지 않아도 된다고/ 투명한 잔을 함께 비운다.' 당장 벽을 부수고 가시를 헤쳐 서둘러 앞으로 나아가기보다 소주의 쌉쓸한 맛을 입안에서 서걱거리듯 천천히 길게 가라고, 아들의 처진 어깨를 다독이는 모습이 선하게 그려진다. 알레고리를 축으로 하고 있으면서도 길게 이어지는 진술 곳곳에 환기력이 풍부한 이미지를 배치하고 있는 시인의 기량이 돋보이는 작품이다.

허리 아파 움직이지 못하는 마누라와
넷이나 되는 새끼들 먹여 살리느라
밤새우는 야간작업마저 마다 않던 그 남자
그냥 잠깐 졸았을 뿐인데
그 짧은 순간에, 기어이
돼지뼈를 자르는 기계 속으로
손목이 사라지는 것을 보고 말았다
텃밭의 양파는
주인의 발소리가 들리지 않아서인지
웃자란 풀 속에 숨어
눈치를 살피고
어깨가 움츠러든 항아리 주위를 맴돌던 바람은
늘어진 빨랫줄 위에서 윙윙거린다

—「부재」 부분

담벼락이 붉게 취기가 오른 자전거를
뜯어 먹었나 보다
엊그제만 해도 꼿꼿하게 서 있는 걸 보았는데
어느새 무릎이 꺾여 있다
자전거가 기어이 일을 냈다

다 버려진 줄 알았더니

오늘은 금방이라도 달릴 듯
다리를 좌악 펴고 일어섰다
엊그제만 해도 꽃샘바람에 날릴 것 같던
나팔꽃이 자전거 다리를 감아올려
파란 하늘로 활짝 날개를 폈다

―「자전거 사다리」 전문

시인의 주변에서 벌어지는 삶의 국면들을 따스한 시선으로 들여다보고 있는 작품들을 골라 보았다. 앞의 작품에는 축산물을 가공하는 공장에서 야간작업을 하다가 과로 끝에 기곗날에 손가락을 날린 이웃을 측은한 마음으로 위로하는 시선을 담고 있다.

뒤의 작품에서는 담벼락에 핀 나팔꽃이 제자리를 확보해 가는 모습을 명징한 이미지로 포착하고 있다. 화자는 '담벼락이 붉게 취기가 오른 자전거를/ 뜯어 먹었나 보다/ 엊그제만 해도 꼿꼿하게 서 있는 걸 보았는데/ 어느새 무릎이 꺾여 있다/ 자전거가 기어이 일을 냈다' 고 묘사하고 있다. 이는 나팔꽃이 무작정 앞으로 나아가기보다 자전거를 거꾸로 세워놓은 듯 빙글빙글 돌며 꽃자리를 넓혀가는 모습을 선명하게 각인시키고 있다.

이렇듯 주선미의 시들에는 사람과 사람을 잇는 따스한 체온이 깃들어 있다. 하지만 그것을 단지 산문적 진술로 풀기보다, 선명한 이미지의 연쇄를 통해 독사들이 사전 밖의 의미를 재구성할 수 있도록 제시하고 있다는 데 특징이 있다.

도시의 흉년이 토해내는 폐기물 탓에
날로 죽어가는 바다
눈이 맑은 새우들 갈수록 줄어들고
올 새우젓 값 천정부지로 치솟아
파리만 날리는 광천역 젓갈 골목

좌판을 가지런히 지키던 새우들
일제히 허리를 펴
바다로 첨벙 뛰어들 기세에 얹혀
가을 하늘은 더욱 높아지고

발길이 뜸해진 젓갈가게 앞으로
서둘러 몰려드는 땅거미 등에 진 채
시간이 쥐꼬리만 하게 남은 아낙들
마른침을 꼴깍꼴깍 삼키고 있다

–「광천역 풍경」 부분

거실 가득 장난감을 흩어놓고도 부족한 걸까
빨간 플라스틱 통을 들고 와서 팍 엎어놓았다 그러더니
레고를 한 웅큼 밀어 주면서
할머니도 빨리 만들라고 독촉한다
꼼지락대는 그 작은 손가락이 큰 공사를 시작하고 있다
할아버지가 집 짓는 것을 본 것인지
이리저리 끼워넣으며 제법 잘 만들고 있다
야무진 손끝은 누굴 닮았는지 만드는 것마다 작품이다
(중략)

어느 새 완성했는지
손바닥을 탁탁 털면서 하는 말
"할머니! 1등도 좋지만 꼴찌도 괜찮은 거라고 엄마가 그랬어요"
다섯 살 손녀가 쓸데없는 승부욕에 불타는 할머니에게
일침을 놓았다

–「다섯 살 이은이」 부분

자신을 둘러싼 삶의 공간을 따스한 시선으로 들여다보면서 그로부터 인간다움의 본질을 이끌어내고 있는 작품들이다. 앞의 작품에서 시인은 도시 문명의 오명으로 함께 황폐화되어 가는 황해와 젓갈의 고장 광천을 안타까운 마음으로 바라보고 있다. 화자는 날로 활기가 떨어져 가는 광천 젓갈 골목 풍경을 '도시의 흉년이 토해내는 폐기물 탓에/ 날로 죽어가는 바다/ 눈이 맑은 새우들 갈수록 줄어들고/ 올 새우젓 값 천정부지로 치솟아/ 파리만 날리는 광천역 젓갈 골목'으로 그려내고 있다. 시골과 도시 사이에 놓인 화자의 삶의 공간을 꾸려가기가 점점 어려워지고 있다는 인식을 드러낸 대목이다.

하지만 화자는 그 같은 황폐를 어떤 바람으로 호도하기보다 자라나는 세대만이 희망이라는 시각을 분명히 하고 있다. 그 같은 시각은 뒤의 시편에 잘 녹아 있다. 다섯 살짜리 어린 손녀가 벌이는 장난감 공사를 '거실 가득 장난감을 흩어놓고도 부족한 걸까/ 빨간 플라스틱 통을 들고 와서 팍 엎어놓았다 … 꼼지락대는 그 작은 손가락이 큰 공사를 시작하고 있다' 고 그리고 있다. 화자는 그것을 단순히 어린아이의 장난으로 치지 않고, 빨리 완성하기를 독촉하는 자신에게 '"할머니! 1등도 좋지만 꼴찌도 괜찮은 거라고 엄마가 그랬어요"/ 다섯 살 손녀가 쓸데없는 승부욕에 불타는 할머니에게/ 일침을 놓았다' 라고 인유함으로써, 빨리 가기보다 천천히 주변을 돌아보면서 함께 살아가는 일이 더욱 중요하다는 사유를 펼치고 있다.

비판의 시각으로 문명을 만나다

이번 시집에서 또 하나 놓칠 수 없는 시적 국면 가운데 하나는, 시인을 에워싸고 있는 목가적인 정경이며 문명의 기기와 습속들을 냉정하면서도 감각적으로 바라보는 시선이다. 상당수의 시편에서 사전적인 의미를 넘어 겹눈으로 세계를 들여다보는 시인의 개성적인 안목을 발견할 수 있다.

숨이 멈춘 지 오래된 것 같은
바짝 마른 고춧대를
늙은 농부가 제단처럼 쌓았다
플라스틱 라이터로 불을 붙이자
일제히 일어선 재들이
문상객 없는 화장터에
성긴 눈발처럼 날아다녔다

그래도 핏줄은 남겼나 보다
말라비틀어져 쭈글쭈글해진
색깔도 하얗게 변해버린 고추를
검은 비닐봉지에 담아 잘게 부쉈다
다 타고 남은 유골처럼 희뿌연 가루를
논바닥에 뿌렸다
재로 사라진 줄 알았더니
그 자리에 붉은 꽃이 무성하게 피어났다

―「고춧대 태우던 날」 전문

자칫 목가적인 정서에 그칠 소재이지만 시인의 시선을 통해 전혀 새로운 모습으로 탈바꿈되고 있는 작품이다. 농부가 새로 씨를 뿌려야 할 밭머리에서 쥐불을 놓은 정경을 가리켜 '플라스틱 라이터로 불을 붙이자/ 일제히 일어선 재들이/ 문상객 없는 화장터에/ 성긴 눈발처럼 날아다녔다' 고 묘사하고 있다. '화장터', '성긴 눈발' 등의 시어를 통해 농사가 예전의 결실을 잊고 전혀 새롭게 거듭나야 하는 일임을 냉정하게 환기하고 있다.

나아가 그 같은 장례를 죽음이 아닌 새로운 시각으로 들여다보고 있다. 즉, '말라비틀어져 쭈글쭈글해진 / 색깔도 하얗게 변해버린 고추를/ 검은 비닐봉지에 담아 잘게 부쉈다/ 다 타고 남은 유골처럼 희뿌연 가루를 / 논바닥에 뿌렸다/ 재로 사라진 줄 알았더니/ 그 자리에 붉은 꽃이 무성하게 피어났다' 고 결구 짓고 있다.

화자는 '타고 남은 유골'과 '붉은 꽃'을 연결 지음으로써 전대의 깨끗한 죽음은 그것으로 그치지 않고, 새 세대에게 풍성한 삶의 결실로 계승된다는 내적 논리를 단단하게 구축하고 있다.

그를 위해서라면
오후 내내 모은 몇 줌의 짜릿한 전류쯤
아낌없이 다 내주어도 좋다
바닥이 훤히 보이도록 다 퍼주어
다시 허기에 시달린다 하여도
그가 잃어버린 말을 되찾을 수만 있다면
내 몸이 얇아져 홀쭉해져도
보는 것만으로도 흡족하다
(중략)
그를 일으키려면
바닥에 남아 있는 전류 한 모금까지
짜릿한 혀로 퍼 올려야 한다
욕망이 목울대까지 다 채워지고 나면
그는 언제 그랬냐는 듯 차갑게 돌아설 것이지만
몸이 불덩이가 될 때까지
따스한 입김을 불어넣어 주고 싶다
물병이 바닥까지 비우면서 갈증을 채워주듯
그를 위해 나를 아낌없이 던지고 싶다

—「충전기」 전문

새로운 문명 기기로 승승장구하고 있는 휴대폰의 생리를 선명한 이미지로 포착한 작품이다. 하지만 단순히 휴대폰 충전기의 생리를 진술하는 데서 떠나 인간사의 철리를 설득력 있게 대변해 주고 있는 품이 개성적이다. 즉 '그를 위해서라면/ 오후 내내 모은 몇 줌의 짜릿한 전류쯤/ 아낌없이 다 내주어도 좋다' 고 단언하는 대목은 무릇 사람살이의 큰 덕목인 이타행을 자연스럽게 연상시킨다.

화자는 결구에서 '욕망이 목울대까지 다 채워지고 나면/ 그는 언제 그랬냐는 듯 차갑게 돌아설 것이지만/ 몸이 불덩이가 될 때까지/ 따스한 입김을 불어넣어 주고 싶다' 로 언술함으로써 욕망으로 가득한 세상사를 비판적으로 들여다보는 한편, 그것이 선한 의지로 탈바꿈할 수 있도록 새롭게 격려하고 돌보겠다는 의지를 담고 있다.

이제까지 주선미의 첫 시집 『안면도 가는 길』에 수록된 시들을 일별해 보았다. 우선이 시인이 안면도와 홍성으로 상징되는 삶의 공간에서 무한한 힘을 얻고 있음을 살펴볼 수 있다. 이곳은 바다 농사로 불리듯 누대를 이어오는 따스하고도 넉넉한 인심이 살아 있는 공동체가 펼쳐진 곳이다. 이같이 따스한 공간에서 생의 에너지를 축적하고 있으면서도 시인은 한자리에 머물지 않고 부단하게 앞으로 나아간다. 새로운 것들에 대한 보색을 게을리하지 않는 여성상을 면밀하게 추구해 가면서도, 자신을 혁신시키기를 주저하지 않는다.

이것은 홍성 땅이 지니는 진취적 정신과도 무관치 않아 보인다.

주선미는 이번 시집을 통해 경계적 상상력을 유감없이 펼치고 있다고 볼 수 있다. 홍성과 안면도의 지역적 특성을 대변하듯 넉넉한 인정을 바탕에 두고 있으면서도 시인으로서 부단한 혁신을 게을리하지 않고 있다.

그의 시적 소재는 대부분 기호 지방의 인간과 사물들을 중심으로 이루어져 있지만, 방법론에 있어서는 산문적 진술이나 서정적 터치에 그치지 않고 명징한 이미지의 구축이 주축이 되고 있다. 그런 점에서 사람살이를 풍성하게 해주는 서정과 명징한 이미지의 결합이라는 그만의 시적 영토 확보에 한 걸음 진전을 보이고 있다.

그의 시에는 풍부한 서정이 단단한 골격을 이루고 있지만, 그에 침윤되지 않는다. 현대시의 한 특질인 함축적 이미저리의 구축을 통해 작은 울타리에서 벗어나 보다 넓은 공감대를 형성하는 데 부단하게 나아가고 있다. 그런 점에서 곰삭은 삶의 깊이를 담지한 채 그만의 영역을 넓혀가는 신진 시인으로서의 가능성을 든든하게 보여준다. 이 같은 그의 첫 시집의 의의에 주목하는 한편, 그가 더욱 시세계를 심화하여 우리 시의 밝은 전망을 활짝 열어주기 바라면의 논의를 마친다.

안면도 가는 길

찍은날 2018년 4월 25일
퍼낸날 2018년 5월 1일
지은이 주선미
펴낸이 박몽구
펴낸곳 도서출판 시와문화
주 소 (13955) 경기 안양시 동안구 경수대로883번길 33,
103동 204호(비산동 꿈에그린아파트)
전 화 (031)452-4992
E-mail poetpak@naver.com
등록번호 제2007-000005호 (2007년 2월 13일)

ISBN 978-89-94833-35-4(03810)

정 가 10,000원